AF453818

MAURICE BEAUBOURG

LA SAISON
AU
BOIS DE BOULOGNE

avec seize gravures originales sur cuivre

de

J. LABOUREUR

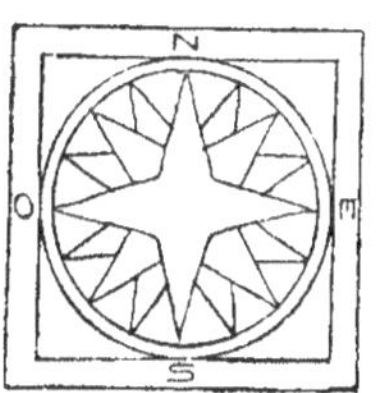

ANDRÉ DELPEUCH, ÉDITEUR
51, RUE DE BABYLONE
PARIS - VIIe
—
MCMXXVIII

LA SAISON
AU BOIS DE BOULOGNE

MAURICE BEAUBOURG

LA SAISON
AU
BOIS DE BOULOGNE

avec 16 gravures originales sur cuivre

de

J. LABOUREUR

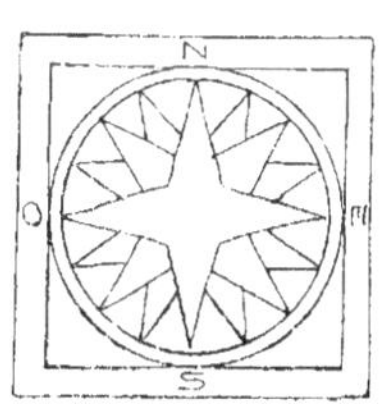

ANDRÉ DELPEUCH, ÉDITEUR
51, RUE DE BABYLONE
PARIS - VIIe

MCMXXVIII

I

LE GOSSE-GIROND A SA MAITRESSE
LA MOME-TACITURNE

BOIS DE BOULOGNE   *Vendredi, 24 juillet, 10 h. matin.*
Seine.

· *Ma chère amie,*

Vous n'ignorez pas que les docteurs qui prennent soin de mes bronches me recomman-

dèrent dernièrement d'aller passer la saison au
plein soleil, l'air raréfié de Paris et des boulevards
saturés de poussières et de miasmes délétères ces-
sant de convenir à mon tempérament. Me sentant
moi-même très affaibli par la vie, très capable
d'être mis à bas en un clin d'œil, je me décidai,
malgré de douces habitudes, à partir sans différer
vers la campagne, ainsi que la Faculté me l'or-
donnait. Asnières, Colombes, Marly, Suresnes,
bourgs hantés de particuliers sans hauteur, me
semblèrent sans distraction. Je me dis qu'une saison
à la vraie campagne, à la campagne libre, au
Bois de Boulogne par exemple, parmi les jolis
lacs, les quelques pins, les massifs d'arbustes tra-
versés de petits sentiers discrets, les canards, serait
ce qu'il me fallait. Aussi, l'autre soir, après
vous en avoir longuement référé, me résolus-je à
partir vers cette forêt.

Vous m'escortâtes, chère amie, jusqu'au tramway La Villette-Barrière de l'Étoile, auprès du-

quel vous m'embrassâtes ardemment, me promettant de venir me rejoindre aussitôt que le monsieur si digne et sérieux qui vous honore d'attentions si délicates, toucherait son mois. Alors nous retrouverions cette plénitude de passion un peu émoussée par l'habitude, nos caresses acquerraient un regain de saveur. Je montai donc sur l'impériale de ce tramway ; vous m'envoyâtes de longs baisers tandis qu'il s'éloignait.

Plus tard, par l'effet d'une simple correspondance Porte-Maillot-Neuilly, j'arrivai à la lisière de ce paradis des villégiatures, qui devait tonifier ma santé, reconstituer mes poumons, me prêter un renouveau de sève et d'ardeur à votre endroit.

M'engageant le long d'un agréable sentier près des fortifications, je rencontrai l'ami que vous savez, un peu le docteur de notre corporation. Il m'attendait. Il me présenta à sa femme, blonde charmante, nu-tête, en tablier, dont la délicatesse de traits, la sveltesse de taille m'enchantèrent.

Tudieu, ma chère, et je vous le dis en tout bien, tout honneur, sans que vous ayez à en tirer soupçon de jalousie, quelles cuisses, comme s'écriait madame de Lafayette, quelles hanches, quelle gorge et quels appas!... Oh!... avec vous, avec vous d'abord, mon aimée, voilà bien l'un des plus inouïs représentants de ce sexe que nous autres hommes nous efforçons de remettre à sa valeur, de faire rapporter d'après sa beauté. On l'appelle la Fille-en-Filoselle, à cause, je crois, de la légèreté divine de ses cheveux.

Je fus présenté également aux deux meilleurs amis du Docteur qui répondent aux gracieux surnoms de Fromage et du Petit-Napoléon. Les braves gens... Nous fûmes bientôt aussi liés que si nous nous étions fréquentés depuis toujours; nous devisâmes gaiement.

Que vous dire?... En route, l'on rencontra un vieux monsieur décoré de la Légion d'honneur et du Nicham-Iftikar, qu'on appelait Arthur. Il avait

les paupières bordées de rouge, des lèvres d'un violet-
pâle singulier, et je pensai qu'il se promenait ainsi
sous les taillis afin de vibrer en une communion
plus intime avec les secrets mystères du Bois.

On croisa madame de Blumirski, riche Polo-
naise, qui, de sa calèche, envoya mille fleurs et
baisers à la Fille-en-Filoselle, son ancienne femme
de chambre, à laquelle elle avait voué cette sorte
d'affection que beaucoup de dames âgées gardent
aux jeunes filles caressantes.

Puis nous parvînmes à la Résidence, taillis
vert et frais à l'abri des gardes, ces grognards
chevronnés, empêcheurs de fêtes. Nous nous assîmes
sur l'herbe. Notre ami le Docteur sortit de son
gilet deux beaux saucissons, l'un de Lyon et
l'autre d'Arles; cette suave Fille-en-Filoselle tira
de dessous ses jupes deux litres à seize ; le Petit-
Napoléon nous offrit un pain, et Fromage exhiba
le produit qui porte son nom!...

C'était un camembert!...

Heureuse tranquillité!... Doux laisser-faire!... Le repas n'avait pas pris fin que nous nous trouvions dans cette aimable gaieté suggestive de bons mots et de sous-entendus!... Notre tour d'esprit vraiment français eût enchanté M. Lavisse!

Le soir tombait, non pas un soir équivoque d'automne, comme l'insinue notre cher, quoiqu'un peu décadent Verlaine, mais un soir d'été chaud et parfumé. Fatigué du voyage, je me retirai de bonne heure. Je m'en fus avec Fromage et le Petit-Napoléon dormir en plein air, joyeux et libre ainsi que la nature elle-même, sentant le cœur de la terre ma mère battre près de mon cœur, songeant à la nuit prochaine où vous viendriez me rejoindre, et où nous nous enlacerions à notre aise, parmi les gazonnets un peu pelés, sous l'ombre cependant berceuse du Bois.

Allons, vite, venez... Je vous attends et vous embrasse.

Votre

GOSSE-GIROND.

II

LA MOME-TACITURNE A SON AMANT
LE GOSSE-GIROND

HOTEL VERT
Rue Ordener.

Dimanche, 26 juillet, minuit.

Bien cher ami,

Votre missive m'arrive à point pour me distraire de toutes sortes d'écœurements. Figurez-vous

que depuis les quelques jours que vous partîtes, j'ai beau me promener à l'ombre de ces platanes mystérieux où les yeux des promeneurs prennent de si singulières lueurs de braise, je ne puis trouver personne avec qui converser d'une façon suivie. Je rentre chaque minuit désolée, brisée, tourne la clef de notre triste chambre où vous n'êtes plus, m'étends seule le long de ce lit jadis heureux lorsque vous le partagiez avec votre servante.

Des rêves m'agitent!... De longs cauchemars me font frissonner!... Je dois couper mes accès de fièvre tenaces d'incessantes absorptions de quinine.

L'autre matin, vers huit heures, j'ai reçu des nouvelles de ce monsieur si digne et sérieux que vous m'apprîtes à estimer. Il s'était, paraît-il, foulé le pied en passant square Montholon et la douleur l'empêchait de venir me voir. Il ne pouvait, en outre, m'apporter ce que vous savez, qui m'eût été si utile en ce moment où les affaires périclitent. Je dus lui répondre que j'irais jusqu'à passer chez lui, bien qu'il demeurât avec sa femme, s'il n'arrivait à faire le nécessaire.

Pensez-vous que ce fut tout ?... Que vous vous tromperiez !... Une foule d'inconvénients m'assaillent, je ne sais où donner de la tête !... Ainsi la gérante de notre hôtel, que vous jugiez une personne si bienfaisante, ne tarit pas de procédés fâcheux vis-à-vis de locataires considérés !... De même cet inspecteur de cette administration secrète que vous me conseillâtes de ménager !... Il pousse jusqu'aux abus les plus excessifs ses exigences.

Figurez-vous aussi que je suis depuis quelques jours dans un état qui m'interdit toute occupation pratique. Cela menace de tant se prolonger que j'en arrive à me demander si, m'inspirant de l'héroïne de Dumas fils... oh ! n'arguez point de mon imagination perverse puisque cet académicien m'en donna l'exemple... je ne vais prémunir mes visiteurs de bouquets de camélias rouges à ma croisée !

Hélas !... Tous ces tourments seraient peu de chose, s'il ne venait s'y ajouter... vous l'avouerai-je ?... oui !... cette transe affreuse où me jeta votre dernière lettre !... Je sais combien vous allez me trouver ridicule, mais mon esprit ne peut se détacher de cette singulière Fille-en-Filoselle que vos lignes m'évoquent, dont je me représente le charme enveloppant, les hanches, la gorge, même les cheveux légers !... Non !... bien-aimé adoré, je ne suis pas jalouse... Vous auriez tort de le croire... du moins, je ne le suis pas encore !... Pourtant, vous savez combien la distance grossit les moindres événements... des idées folles me courent la tête... d'atroces soupçons me tenaillent le cœur... évitez, je vous en supplie, cher petit Girond, évitez de vous trouver seul en tête-à-tête avec cette personne que je n'ai nul droit de suspecter, mais à laquelle je ne sais quoi d'instinctif m'engage malgré moi à prendre garde !... C'est presque infâme, je le sais, d'avoir de telles pensées, de vous juger capable de faillir après les preuves répétées d'amitié que vous me donnâtes!... Je devrais me souvenir de ce que vous me dîtes maintes fois, que, dans notre monde, à cent pieds en cela au-dessus du monde bourgeois, un homme n'a qu'une parole et mourrait plutôt que de trahir son serment!... Excusez-moi donc!... Toutes ces billevesées n'ont nulle raison d'être, je le sens, le reconnais, n'insiste plus!... Mais vous êtes si loin, et je suis si malheureuse!

Tenez!... Il faut coûte que coûte que je trouve l'indispensable pour pouvoir mijoter notre amour ensemble, la saison!... Je me meurs d'envie de vous tenir moi toute seule entre mes bras... chéri, chéri, chéri!... joli petit Bon Dieu... trésor!

Votre

MOME-TACITURNE.

III

*LE GOSSE-GIROND A SA MAITRESSE
LA MOME-TACITURNE*

ALLÉE DES ACACIAS   Mardi, 28 juillet, 6 h. soir.
Le Bois.

Que voilà, mon excellente amie, d'abomi-
nables imaginations sur le compte de votre fidèle

et pouvez-vous vous résoudre à l'affliger d'insinuations aussi injustifiées, sachant les infinis ménagements dont a besoin sa santé chancelante, et que si le repos des champs lui fut ordonné, c'est afin d'y fuir les ennuis et les tracas qui l'abreuvaient !... Serez-vous donc toujours la même sentimentale exacerbée, et malgré tout ce que je vous touchai de la fausseté de ces divagations, retomberez-vous sans cesse dans d'identiques et fàcheux errements ?... Ne m'aimez-vous donc plus, de recommencer à me faire tant de peine ; et après toutes vos promesses de calme, osez-vous ternir de si odieux soupçons la belle et pure image que je vous laissai de moi ?... Il faut, vilaine, apprendre à mater cet esprit triste et rebelle ; et puisque vous devez venir me retrouver dans peu, il importe de vous efforcer d'aimer les gens qui m'entourent, et d'avoir confiance en celui qui vous chérit.

Du reste, je tiens comme non avenu ce que vous m'écrivîtes ; et puisqu'il faut que vous vous habituiez à cette jeune femme, je veux vous en parler de même que si vous ne m'en aviez rien dit.

Sachez donc que je suis sorti avec mes amis et la Fille-en-Filoselle, hier. Elle marchait un peu en avant; nous autres derrière, afin de ne la point gêner.

Au bout d'un quart d'heure, nous entendîmes un tapage singulier. On eût cru que tous les insectes tapis derrière les mousses se rapprochaient, qu'un cercle d'animaux malfaisants, dont les encore invisibles chaînons se resserraient sans cesse, allait se refermer sur nous. Cela nous étonna fort !... A quel titre avions-nous pu provoquer l'animadversion des faunes de ces bocages ? Ne nous conduisions-nous pas avec la plus parfaite dignité, menant l'épouse de notre ami à la promenade, suivant la coutume journalière de nos meilleurs touristes de villes d'eaux ?... Pourquoi n'eussions-nous tiré fierté légitime des œillades d'admiration que quelques bourgeois broussailleurs (j'entends

certains rentiers aux yeux fureteurs, aux nez truf-
feurs, aimant à se faufiler à travers les broussailles)
décochaient à la chère enfant ? N'y étions-nous
fondés ?

Même, lorsque quelques-uns d'entre eux
s'arrêtèrent afin de lui parler, n'était-ce pas notre
vie en somme de la laisser faire, y avait-il mal à
lui permettre de leur répondre ?

Je me le demande en vain !...

Cependant nous apercevions soudain les gens
qui nous entouraient : galons d'argent sautillant
derrière les feuilles, épées, képis, chapeaux com-
plétant l'attirail... Ma foi oui... c'était bien à
nous que la horde s'adressait !... Étrange façon
vraiment d'importuner les promeneurs !...

— Messieurs, leur dîmes-nous, blessés dans
cette vieille honnêteté professionnelle !... Ne lûtes-
vous point l'Homme libre de M. Maurice Bar-
rès ?... Eûtes-vous l'intention d'attenter à l'exercice de nos droits ?

— Ne bouge pas ou tu es mort !... riposta
un grand malappris qui menaça ce pauvre Fromage de son revolver d'ordonnance... Il y a trop
longtemps déjà que je te vois rôder dans les bois,
en compagnie de ces messieurs et de madame, à
exercer vos métiers équivoques !

Fromage n'était pas homme à se laisser
insulter ainsi...

— Équivoques... interlocuteur !... fit-il d'un
air de naïveté jouée... Au contraire, nos métiers
sont définis, catalogués... En voici la preuve !...
ajouta-t-il, lui lançant une maîtresse poussée qui
l'envoya rejoindre sur l'herbe les reliefs des repas
dominicaux. Aussitôt nous agîmes de même manière
avec les autres, donnant à ces misérables qui em-
pêchent d'honnêtes gens de se distraire à leur guise,
la leçon qu'ils méritaient.

Passons sur ces troubleurs de fêtes !

Comme nous arrivions à la Grande-Cascade,
le Petit-Napoléon, qui est d'une bien amusante

ironie, s'ingénia à railler la raideur outrée de certaines insulaires en fuseau qui s'y promenaient, Bædeker en main. Sans vergogne, il se déchaussa, se lava les pieds. Nous nous déchaussâmes également et l'imitâmes ; puis excités du pétillement d'eau en gerbes, nous nous récréâmes au milieu de rires fous à en éclabousser les filles d'Albion, ainsi que certains autres promeneurs qui nous semblèrent trop guindés dans leurs faux-cols.

Il est bon, croyez-m'en, de ramener par des douches appropriées les vaniteux à une plus modeste appréciation de leurs individus !

Aujourd'hui, nous avons passé la journée près le champ de courses d'Auteuil. Nous avions apporté dans nos poches et la Fille-en-Filoselle sous ses jupes, qui constituent décidément une armoire naturelle, les ingrédients ordinaires des jeux de hasard, bonneteau, rouge et noire, consolation.

Aussitôt arrivés, nous nous occupâmes à monter une petite table pliante autour de laquelle un cercle de joueurs se forma. Le Docteur, avec son habituelle autorité (il a de M. de Cassagnac dans le profil), se trouvait près de cette tablette, mélangeant adroitement les cartes, et moi, à cinq pas plus loin, devant un parapluie ouvert, me tenant lieu de console, m'exerçais à la dextérité de mains, cette gymnastique indispensable à un jeune homme qui veut réussir dans l'existence.

Nos deux amis, Fromage et le Petit-Napoléon, vêtus en purs gentlemen, délicieux complets gris du meilleur ton, allaient de l'un de nous à l'autre d'un air détaché, pariant de fortes sommes, donnant à leurs adversaires l'espoir de gains si considérables, les faisant frémir de convoitises si ardentes et si délicieuses, qu'il n'était que justice que ceux-ci les remboursassent en échange de tout l'argent contenu dans leurs goussets.

Tout à coup, un cri malencontreux, celui de l'ouragan, du cyclone, nous fit plier et dissimuler précipitamment notre installation.

— Les flics !... avaient prononcé des voix effrayées.

Et joueurs, spectateurs, nous-mêmes, semblant ne point nous connaître, ne jamais nous être rencontrés, nous nous mîmes en marche, cueillîmes des mûres le long des haies, tandis qu'au bout de la route, derrière nous, trois grandes loques noires, à la cantonade, nous désignaient de gestes sans doute brutaux, qui, vu la distance, nous paraissaient vagues.

Nous recommençâmes, d'ailleurs, sitôt ces agents perdus de vue, remontâmes parapluie et tablette, tandis que joueurs et spectateurs reformaient le cercle autour de nous. Nous pûmes de la sorte gagner de nouvelles sommes jusqu'au moment où trois nouveaux gardiens de la paix, trois nouvelles loques à la cantonade, réapparurent à un nouveau bout de route, nous désignant des mêmes gestes que leurs prédécesseurs, sans doute brutaux, mais que la distance rendait encore vagues.

Nous nous remîmes encore en route et, les ayant perdus de vue, nous réinstallâmes encore plus loin, puis plus loin encore, une troisième, une quatrième, une cinquième fois, sans en être autrement incommodés, repartant pour nous arrêter et menant à bien nos petites affaires.

Nous eûmes, entre temps, la joie de voir un joueur mauvaise tête vertement tancé par le public qui, bien qu'il ait des doutes sur notre façon d'opérer, a le goût de se mettre en somme toujours de notre côté. Il houspilla le récalcitrant de la belle manière, allez, et lui enseigna par une foule de quolibets, qui nous faisaient tenir les côtes, à ne point trop se fier à une chance qu'il n'avait nullement méritée.

Si les hommes se pénétraient de cet axiome que la fortune n'a pas d'autres raisons de leur rendre visite, on n'en verrait point ruiner leurs familles en quelques heures, dans l'immoral espoir de gains illicites et injustifiés.

Vous voyez, ma chère amie, que je n'hésite pas à vous confier ma vie minute par minute, et que je pense à vous le plus qu'il m'est loisible malgré l'éloignement où mon état de santé me réduit. Je vous narre les moindres événements qui m'arrivent, de façon à vous préparer à ce genre d'existence que vous allez bientôt venir partager avec moi, et m'efforce au risque de redites à n'oublier rien.

J'espère vous voir me tenir compte de cette bonne volonté à vous être agréable, et oublier en récompense vos préventions contre cette délicieuse Fille-en-Filoselle, dont je serai heureux de vous voir l'amie lorsque vous me rejoindrez.

Elle est, sachez-le, remplie d'une délicatesse de sentiments charmante, me demande souvent de vos nouvelles, me pose une foule de questions, et devant le séduisant portrait que je lui trace, je dois vous dire qu'elle est tout ce qu'il y a de plus désireuse de vous embrasser.

Venez donc, ma chère, qui êtes déjà l'amie de mes amis.

Votre

GOSSE-GIROND.

IV

LA MOME-TACITURNE A SON AMANT
LE GOSSE-GIROND

POSTES ET TÉLÉGRAPHES
Boulevard Rochechouart.

Ce 4 août.

Bien cher ami,

Un petit mot gribouillé avec trois pâtés sur cette postale pour vous apprendre que j'arrive au

Bois de Boulogne demain. Je n'y puis tenir. Je m'ennuie trop et ai trop pensé à vous ces temps-ci!... Non! Non! Cela ne peut durer!

Oh!... je vous vois déjà prendre votre air de papa-gendarme! Vous supposez, mon seigneur aux sourcils froncés, qu'une de ces crises de caractère trop fréquentes ces temps derniers m'agite de nouveau; et vous allez arguer encore de cette inconcevable jalousie contre la Fille-en-Filoselle, jalousie qui pourtant n'existe que dans votre intellect, puisque j'ai de l'embrasser un désir au moins égal au sien !

Rassurez-vous donc, je vous en conjure, et ne me taquinez plus à son sujet!

Croyez au contraire que je veux m'efforcer d'éviter dorénavant ces grands coups de cœur, ces violentes frénésies de passion qui semblent chaque jour davantage vous déplaire; et que, soucieuse d'être d'abord la petite femme modèle qui s'occupe seulement de son travail, je chercherai à introduire dans ma conduite cette logique de caissière sérieuse qui pose un homme de votre sorte et rend une personne de mon genre respectée.

Vous le voyez, nulle raison de m'en vouloir d'être si ardente à vous retrouver. Je viens parce que je viens, sans autre raison, nul midi à quatorze heures, et parce que, m'étant raisonnée, je désire jouir des petits bénéfices de la villégiature et des bienfaits de la belle saison, moi aussi.

Ayez donc soin de m'aimer plus que jamais lors de mon arrivée, petit homme girond, que je voudrais, ainsi que la jolie marquise dont parle Saint-Évremond, tenir entre chemise et chair pour qu'il ne s'échappe pas. Car s'il s'échappait... oh ! nulle allusion encore à votre Fille-en-Filoselle, je vous proteste !... ce serait terrible, oh ! terrible entre nous, mon bijou adoré, mon bout d'homme, mon chevreau, ma petite sœur.

Contre mon cœur, dites, et à en mourir.

Votre

MOME-TACITURNE.

V

LE GOSSE-GIROND A GUEULE-D'EMPEIGNE A LA SANTÉ

TIR AUX PIGEONS
Le Bois.

Mercredi, midi.

Mon cher beau-frère,

Je vous adresse cette lettre afin de vous apprendre que votre sœur, la Môme-Taciturne, est venue me rejoindre au Bois de Boulogne, où nous passons, elle et moi, la saison, ainsi que je vous en ai prévenu. Nous y jouissons d'une température estivale propice aux divertissements en plein air et aux échanges de tendresses sous les fourrés. Je ne présume pas que nos confrères plus lancés, qui possèdent villas au bord de l'Océan, soient éventés d'une brise de douceur pareille à celle qui caresse les grands trembles de notre forêt suburbaine et nous embaume l'âme de ses subtils parfums. Ah! quel perpétuel nid d'amour!... Il naît ici plus de baisers que de feuilles!... Il est divin de voir nos couples assortis, et les plus minuscules brins d'herbe tressaillent de délires particulièrement suggestifs!

Il y a malheureusement un revers à cette belle médaille et, dois-je vous l'avouer, cher et respecté beau-frère, de même que jadis, malgré mes intentions conciliantes, de légères piques, chaque jour plus fréquentes, surviennent entre la Taciturne et moi!

L'accord fut d'abord merveilleux. Elle ne pouvait se lasser de me revoir, ne décessait, me rappelant presque les étreintes si chaudes et si passionnées d'une mère trop tôt enlevée à ma reconnaissance, de me serrer comme un enfant cher entre ses bras. Elle se montrait, contrairement à son mutisme ordinaire, d'un entrain, d'un sans-souci exquis, vous savez cette façon de se laisser vivre au jour le jour qu'ont certaines de nos femmes, chantonnant perpétuellement à mon bras de spirituels refrains de café-concert, mordillant de longs brins d'herbe dont elle touchait par espièglerie pure le nez des passants. C'était une verve de causeries, de reparties fines, de bons mots, d'attendrissements subits, délicieux. Puis, brusquement tout finit. Elle redevint muette, farouche, altière, et me poursuivit de son regard jaloux.

Or, ce nouvel état d'âme persiste cette fois plus que d'habitude et notre situation réciproque s'aggrave sans que je puisse rien pour la modifier.

C'est pourquoi, connaissant l'autorité toute fraternelle que vous exercez sur la chère et incompréhensible enfant, j'ai pensé à vous écrire afin que vous la raisonniez.

Ah! mon cher beau-frère, si une cruelle et imméritée captivité ne vous retenait, si à l'instar du vieux jadis, nous jouissions encore de cette bonne fortune de cohabiter, je vous eusse simplement dit la chose, et tout aussitôt vous eussiez pris la délinquante à bras-le-corps, lui appliquant quelques-unes de ces excellentes taloches en pleine chair, de celles que la Gervaise de M. Zola administrait à son irréconciliable ennemie, la Grande Virginie, et que la faiblesse de ma complexion jointe à l'horreur d'une lutte où j'aurais peut-être le dessous, m'interdit, je le crains bien, de tenter jamais.

Mais passons!

Figurez-vous donc que cette énigmatique petite mijaurée, que cette mystérieuse et silencieuse figurine de Saxe aux yeux sombres, me regarde longuement au milieu de la nuit, tandis que nous reposons l'un près de l'autre, de ses regards de perle noire, et que si je cherche à l'embrasser, elle se refuse aux étreintes des épouses et des époux !... Elle s'obstine à me priver d'un exercice salutaire, indispensable à mon tempérament, prétend que je ne l'aime plus, qu'il est inutile de chercher à lui exprimer des sentiments que je ne saurais ressentir, qu'elle devine trop que je pense à une autre, que je la laisse dormir tranquille. Et je pleure lamentablement de ce que vous n'êtes point au milieu de nous, mon cher beau-frère, pour lui intimer l'ordre de m'obéir, ainsi que vous le lui intimiez jadis sans qu'elle osât s'y refuser, vous restant là, d'ailleurs, et veillant à ce qu'elle s'exécutât.

Cette nuit... oh !... je me le rappellerai longtemps, nous étions étendus sur un terrain un peu en pente, et contemplions le Chariot et les belles étoiles doubles de son timon ; puis, reportant nos yeux vers l'Orient, nous regardions à tour de rôle Arcturus, Véga, Altaïr, et ce Mars qui semble un bec de gaz céleste, et ce Jupiter, pareil à un phare aérien.

Très ému de la profondeur de ces grands cieux étoilés, et pour ainsi dire transi de cette immensité, j'eus le besoin à un moment de me rapprocher de quelque chose de vivant, de me pelotonner, de me réchauffer, moi, petit vermisseau, contre une poitrine aimée, vibrante!... Est-ce assez naturel?... Or, je cherchai à serrer contre moi cette Môme-Taciturne à laquelle je sacrifiais tout ici-bas, et lui dis :

— Chérie, laissez-moi prendre un baiser, là, sur vos cheveux noirs, à cet endroit où l'alpha de l'Aigle met précisément une lueur bleue?

— Vous m'assommez, répondit-elle. Vous avez toujours cette spécialité de me réveiller entre deux et trois heures du matin. D'ailleurs, les cirons me piquent. Je n'ai aucune idée de scintiller avec les étoiles cette nuit!

— Chère amie, pourquoi vous y refuser, vous, autre étoile?... Ne sentez-vous point qu'un frisson d'ondes éperdues emporte l'Univers à travers les routes obscures, et que nous serions une fausse note si nous nous refusions à vibrer à son unisson !

— D'abord, vous ne m'aimez point comme jadis, je ne le vois que trop !... Pourquoi vouloir ce que vous ne désirez pas, convenez-en ?... Et puis, je vous dis que les cirons me piquent !...

— Je vous en supplie ?...

— C'est exactement comme si vous chantiez !

— Ma chérie, ma bien-aimée ?...

— Allez retrouver la Fille-en-Filoselle !

La Fille-en-Filoselle !... Moi !... Mon cher beau-frère !... avec mes antécédents purs de toute souillure !... Elle m'accusait !... Moi !... La femme d'un de mes amis... du Docteur ! Un homme si profondément respectable... estimé de tous... que vous connaissez !... Et j'eusse eu l'audace de faire à la femme de mon ami ce que ces odieux Don

Juan des alcôves bourgeoises appellent des propositions !

— Petite misérable !... ne pus-je m'empêcher de lui dire, justement indigné dans ces sentiments d'honnêteté et de délicatesse pointilleuses qui sont tout moi-même.

Là-dessus elle se renferma dans son affreux mutisme et je passai des heures désolantes à lui placer des colliers de baisers au cou, des échelles d'autres baisers le long de la poitrine, tandis qu'elle se retournait par saccades, crispant ses poings mauvais, me lançant de toute la puissance de ses hanches ces affreux renfoncements qui désunissent tant d'excellents ménages. A chaque instant elle affectait de tirer égoïstement à elle la couverture de voyage qui nous préserve de la fraîcheur, et vous savez quelle source de dissentiments et de brouilles c'est encore là !... Je lui disais : J'ai froid, ma môme ! — elle n'y prenait garde ! Je lui disais : Je gèle ! — elle n'y prêtait point attention !

Le matin vint. Les merles commencèrent à siffler. Un jeune garçon boucher sans place et matineux se mit à moduler un refrain de barrière, raccommodant sa culotte qu'il avait ôtée. De divers massifs glissaient d'âcres ronflements de volupté qui m'exaspéraient. Il me paraissait que sous ce petit jour blanc et vide les arbres s'accouplaient en enlacements pour m'exciter, me désoler; et quand une atroce et lente pluie huileuse filtra le long de mes joues hâves, je me sentis l'âme de M. J.-K. Huysmans lui-même et pensai que le ciel pollué me narguait.

Ah!... mon cher beau-frère... vous qui avez le sentiment de la dignité de l'homme et qui savez qu'une faible femme doit respecter notre volonté, intervenez aujourd'hui entre nous, je vous en supplie, afin de faire cesser mon martyre!... Je n'ai nulle vocation pour le cénobitisme!... La continence est une vertu que j'aurais besoin de trop d'étude pour pratiquer!... Intervenez!...

Votre parole si franche, si intelligente, ramènera, j'en suis persuadé, ma désobéissante épouse à ses véritables devoirs, fera évanouir comme fumée cette jalousie ridicule et sans motifs, qu'elle a conçue contre moi!

Oui, je suis sûr que votre décisive influence me reconquerra le bonheur dont je suis digne à tant d'égards, car je ne fis jamais mal à une mouche, aimai et me laissai aimer, partageai enfin avec l'objet de ma flamme la bonne comme la mauvaise fortune, abandonnant les reliefs du festin aux amis et connaissances, vous pourriez en témoigner, n'est-ce pas, le premier, mon cher beau-frère?

Mes mains cordialement,

Le GOSSE-GIROND.

VI

GUEULE-D'EMPEIGNE A SA SŒUR
LA MOME-TACITURNE

Mon aimable petite frangine,

Je reçois à l'instant une lettre pressante de notre cher Gosse, le Girond, qui se prétend, je vous l'avouerai sans ambages, bien lésé par votre faute, affirmant que vous n'êtes plus la même pour lui, l'accusez d'infidélités qu'il n'a pas commises, et refusez de vous prêter à ses plus légitimes épanchements. Dois-je le croire, et se peut-il que vous ayez ainsi oublié, du jour au lendemain, les instructions nombreuses et variées que je vous donnai sur la matière ?

Pris-je pourtant assez soin, avant mon départ, de vous inculquer ce catéchisme dont je suis l'auteur, où il est parlé des devoirs mutuels et multiples des gens qui dorment ensemble ou « concubiculants », devoirs desquels vous m'aviez solennellement juré, en ce qui vous concerne, de ne jamais vous départir !

Qu'avez-vous fait de votre catéchisme, ma sœur ? L'avez-vous perdu ?... égaré ? En oubliâtes-vous les préceptes ?... Faut-il que je vous les remémore ?...

Oui...

Eh bien, écoutez attentivement :

CATÉCHISME DES CONCUBICULANTS

qui ne veulent point être coupés dans leurs ardeurs

PAR DES DIVERGENCES DE CARACTÈRES

plus pénibles que

PUCES, POUX ET AUTRES BESTIOLES

MALPROPRES

composé par un anachorète en son ermitage de Poissy.

1° De la Pose.

Se placer du côté gauche ou droit, suivant la vocation naturelle, mais jamais sur le dos, afin d'éviter le ronflement.

Ne jamais mettre les genoux en angle aigu, de façon à détruire la symétrie des couvertures.

Ne pas tourner le dos à son voisin ou à sa voisine, dans la position dite en chien de fusil, cette position pouvant faire dévier les idées de leur sens véritable, et étant au demeurant peu galante.

Éviter les changements de côté trop fréquents, les mouvements brusques de jambes ou de bras, les attitudes forcées, les culbutes, etc.

2° Du Geste.

Se rappeler qu'une des causes d'amour entre gens ne concubiculant pas encore, mais le souhaitant, est toute la série des gestes agréables, insidieux, candides, pervers, mièvres, violents, caressants, profonds ou superficiels qu'ils se permettent entre eux.

Les réitérer donc autant que possible ; mais, même dans les crises passionnelles les plus fortes, fuir comme la peste les gestes n'en finissant pas, s'affadissant dans l'habitude et perdant leur signification de premier mouvement. Laisser en conséquence de côté ces bras-rasoirs endormis sous les tailles, ces bouches-ventouses appliquées aux yeux.

Les gestes réflexes, à renversements, agrémentant de quelque aimable gymnastique les phases ordinaires du concubiculat, doivent être étudiés avec le plus grand soin.

Les pinçons sont très bons.

3° De la meilleure façon de s'agréer.

(Tâchez de vous bien pénétrer de ce joli bréviaire, ma sœur !)

Il serait utile pour la jeune fille d'avoir toujours l'air de rêver même éveillée, de prononcer de jolis mots sans suite, de feindre d'ignorer où elle se trouve. Si son amant s'approche d'elle avec un revenez-y de baisers, qu'elle murmure par exemple : — Joli soleil!... Oh! les mystérieuses allées dans le parc... Ma maman adorée... oh! oh! — Qu'elle chantonne même par bribes une vieille romance vaporeuse.

Il serait utile pour le jeune homme de ne

penser qu'à chauffer ses baisers, afin qu'ils chantent sans cesse aux oreilles de la jeune fille leur délicieuse musique de cascade pâmée et tordue. Que sa bouche halète de désirs ! Que ses yeux luisent! Même si sa maîtresse persiste à dormir sous l'orage des caresses, qu'il sache qu'elle sommeille seulement, et que c'est de sa part un raffinement exquis de ne pas s'éveiller tout à fait, de façon à se croire aimée dans un rêve. Qu'il apprenne à savourer la douceur intense de ses soupirs d'harmonica !

Il n'y a jamais de consentement à demander ou à donner. Il faut toujours avoir l'air de ne rien savoir de ce qu'on fait, et lorsqu'on s'embrasse le plus éperdument, follement, tellement qu'on n'arrive plus à se détacher, s'embrasser en tout oubli de soi-même et ne plus être des gens qui s'étreignent, M. Pierre ou Mme Jeanne s'agonisant d'amabilités, mais l'étreinte même qui s'étreint elle-même.

Inutile de parler, deux mots servant à tout exprimer, ceux-ci : chéri ou chérie, prononcés avec le ton du remerciement fou, de la crainte anxieuse, de la joie exaspérée, de la supplique ardente et basse, et d'ailleurs les autres tons innombrables et prestigieux de l'arc-en-ciel de la passion.

Fin-nuit, alors que chacun s'éveille et cherche autour de lui à se prouver qu'il existe, tel est le moment le plus favorable pour s'agréer.

4° Où le moral doit être la vraie règle du physique.

(Je vous recommande spécialement cet alinéa).

Songez que pour arriver à ce parfait et délicat ensemble des êtres qui chantent leur antienne d'amour, il est indispensable de faire abdication de son caractère propre pour se résoudre à vivre du caractère de la communauté.

Éviter les soupçons, les jalousies, les disputes, les querelles, surtout les méditations et réflexions en dehors du sujet. Le jeune homme, s'il a été militaire, devra éviter de raconter ses campagnes ; la jeune fille laissera de côté un instant ses rubans, ses fanfreluches et chardonnerets.

Le moral s'emploiera au service du physique et l'intelligence se fera chair pour pimenter le nécessaire amoureux d'agréables superflus.

5° De quelques menues politesses.

(Ad libitum).

Les mauvaises digestions productrices de fâcheuses crises d'estomac et de caractère sont, assure-t-on, fort nuisibles à la bonne harmonie des concubiculants. Plutôt que de s'y abandonner, il vaudrait mieux se lever sans bruit et prendre l'air afin de se remettre.

Il importerait également, mais les auteurs

n'en parlent pas comme d'une condition sine qua
non, d'éponger chaque matin yeux, nez et bouche
au robinet le plus voisin, et d'être joli lorsque le
soleil se lève, de façon que l'objet de votre culte
vous retrouve joli!

FIN DU CATÉCHISME

———

Voilà, ma chère sœur, succinctement exposés
en courts paragraphes, les préceptes que mon amitié s'était jadis complu à vous inculquer, et par
le moyen desquels vous eussiez atteint au bonheur
constant, si, vous peuplant la tête d'idées que mon
excellente éducation m'empêche de qualifier de
saugrenues, mais que je trouve cependant oiseuses,
vous ne vous étiez précisément dérobée à leurs
enseignements.

Revenez-y, croyez-moi, suivez-en l'esprit et
la lettre.

Vous savez l'idée de notre corporation sur

les imprescriptibles devoirs que les jeunes filles doivent à leurs amants. Vous êtes censée ne pas ignorer notre point de vue, le seul vrai, qui est que l'homme commande en maître et doit être obéi, et que nous répudions comme antisociales les idées des philosophes bourgeois émancipateurs de femmes!... Oh! ces bourgeois! Enfin vous n'êtes pas sans deviner, je m'en remets à votre flair si fin, que je saurai vous retrouver à ma sortie de prison, vous traitant suivant vos mérites, au cas où vous ne vous conduiriez pas ainsi qu'il sied avec notre Girond.

Tout ceci est donc entendu, n'est-ce pas, petite sœusœur chérie? Faites en sorte de ne point oublier celui qui veilla sur votre enfance, votre adolescence, votre jeunesse, et qui, avec un dévouement véritablement fraternel, vous initia aux jouissances de la vie.

Votre affectionné,

GUEULE-D'EMPEIGNE.

VII

LE GOSSE-GIROND A SON AMI BOBO *(humeurs froides)* DE MONTMARTRE

PRÉ CATELAN
Le Bois.

Mardi.

Petit poteau,

Je suis toujours, depuis deux ans que je vous quittai, avec la Taciturne la brune des Buttes.

Durant ces deux années, ma vie fut presque aussi admirable, j'ose le dire, que lorsque je vivais avec vous.

J'étais tombé sur une jeune fille de seize ans à peine, n'ayant jamais aimé encore, ou peu. Elle possédait une fraîcheur d'impressions, une jeunesse de sensations, une nouveauté de passion qui véritablement m'émerveillaient, et je résolus de me faire adorer de cette idéalité, de cette candeur charmantes que je découvrais chaque jour davantage. Cela ne fut guère difficile. Je devins bientôt son bon Dieu, son tout; elle passait son temps à me cajoler, à me chérir. Mes jours s'écoulaient, ainsi que de belles après-midi, parmi la tranquillité et l'abondance; et comme elle suivait à la lettre mes moindres indications, nous arrivâmes rapidement à cette aisance dorée, rêvée par le poète, qui permet de ne plus se soucier des lendemains.

Alors, nous descendîmes au boulevard des Italiens.

Chaque soir, c'étaient des allées et venues dans les endroits publics les plus cotés, cercles, clubs artistiques, expositions de peinture, salles de concert, théâtres. Nous nous affichions aux meilleures places avec plusieurs journalistes de nos amis. Nous fûmes ainsi présentés à M. Busnach et à mademoiselle Yvette Guilbert. Quelques autres voulurent bien me trouver des qualités de style, d'audace, d'entregent, et je faillis faire partie d'une combinaison où je serais devenu directeur politique d'un de nos quotidiens les plus en vue. De là, député, sénateur... n'est-ce pas?

Un soir malheureusement, comme nous nous trouvions dans une avenante compagnie de clubmen élégants, colletés à l'Alfred de Musset, qui ne regardaient pas à jeter l'argent par la fenêtre, nous fûmes reconnus au coin de la rue Taitbout par ce misérable La Prâline, le vrai meurtrier de Mésange, ainsi nommé vous le savez à cause de ce signe de sang qu'il possède où je ne peux dire, et qui, dans un costume des plus communs, répugnants, le pantalon à pattes et la casquette à trois ponts, ce symbole (oh! la littérature symbolique!) datant du règne de Charlemagne, s'en vint vers nous et tint absolument à nous souhaiter le bonjour, bien que nous lui fissions signe que nous ne le désirions pas. Nous affectâmes d'abord de ne point le reconnaître, mais vite il s'emporta, tempêta, jura, fit tel scandale qu'à ce spectacle, remarquant une certaine froideur dans les yeux des jeunes gens qui nous accompagnaient, nous pensâmes qu'il devenait opportun de nous retirer.

Depuis ce jour, La Prâline, qui était au courant de choses, et eût pu nous perdre par ses bavardages, fut notre commensal obligé, s'imposant à une amitié qui ne trouva pas la hardiesse de se dérober à ses instances. Nous ne savions même plus comment nous débarrasser de ce pique-assiette funeste, et allions jusqu'à former à son sujet des projets de suppression bien naturels, non suivis d'effet, hélas!

lorsque la Providence, sous les traits de Gueule-d'Empeigne, le frère de La Môme, que vous rencontrâtes jadis et qui a toujours été plein d'indulgence pour nous deux, nous apparut au retour d'une assez longue villégiature à Poissy, et mit, après l'avoir criblé de coups de pied et de coups de poing vengeurs, l'intrus à la porte de notre foyer conjugal.

Alors revint le beau temps.

Nous étions moins fortunés, mais partagions notre modeste aisance en frères avec notre beau-frère, comme nous le commandait cette sublime vertu, la Reconnaissance. La Môme-Taciturne, d'un tempérament à l'ordinaire fort excité et jaloux, fut très tranquille pendant cette période, et les irrésistibles arguments de Gueule-d'Empeigne, lorsque la jeune fille ne se contentait pas du droit chemin, suffirent largement à la calmer.

Malheureusement, ce bienfaiteur dut commencer un second séjour en un Poissy analogue au premier, qu'on appelle la Santé, et depuis son absence, qui dure encore, ma bizarre et mystérieuse maîtresse retourna à ses inquiétudes et à ses soupçons.

Figurez-vous qu'ayant récemment quitté Paris pour passer la saison au bois de Boulogne, j'étais galamment parti le premier afin de lui préparer un emplacement. Trois de nos anciens camarades, le Docteur, le Petit-Napoléon et Fromage, m'attendaient à la gare... des petits tramways du Jardin d'Acclimatation. Ils me reçurent d'une façon charmante, me présentèrent à la Fille-en-Filoselle, blonde exquise, qui est la femme du premier, puis me menèrent à la Résidence, un de ces kiosques servant à abriter les cavaliers et devant nous tenir lieu d'hôtel, où je procédai aux ablutions indispensables.

Le soir, j'écrivis à La Môme de venir au plus vite me trouver, lui ajoutant qu'elle serait on ne peut mieux reçue par des amis hospitaliers et charmants, et que cette délicieuse Fille-en-Filoselle brûlait déjà de la voir et de l'embrasser. Mais voilà-t-il pas que sur quelques mots de ma missive, la singulière personne conçut de la jalousie et, qu'à peine arrivée, elle me fit scène sur scène, épuisant ma santé, compromettant le repos que j'espérais trouver en ces bocages, me mettant tout hors de moi!

Véritablement les femmes sont des êtres bien irréfléchis et singuliers!... Puisque à maintes et maintes reprises je lui affirmais mon amour à cette Môme-Taciturne, qu'avait-elle à craindre de ma part, voyons!... Ne devait-elle plutôt se souvenir que je n'ai qu'une parole et ne saurais revenir sur le juré!

Même, afin d'aller plus loin dans la voie de l'aveu, cher poteau qui me connaissez et avec qui je n'eus guère de secrets, même s'il était vrai, comme elle le prétend, que cette Fille-en-Filoselle, par le contraste de sa beauté avec la sienne, me remplissait les mains de désirs (ce qui est d'ailleurs, je puis vous le dire, en partie vrai), quel mal y avait-il à ces désirs de mains si vite assouvis, si sans portée, sans conséquence, surtout quand par discrétion délicate, je prenais soin de ne les satisfaire que lorsque mon épouse ne me voyait pas!

Cela entamait-il en rien la fidélité promise ?... Doutait-elle de moi pour supposer que malgré ces politesses qui se doivent aux épouses d'amis, je risquerais jamais l'Acte que j'ai juré de ne pas commettre, l'Acte Défendu ?

Ah !... mon petit Bobo de Montmartre, vous aviez fameusement raison de déclarer les femmes un sexe inférieur, et je vous eusse mieux écouté que je ne m'y fusse de sitôt frotté!

Tenez, voici que je suis si las, si déprimé, ai si honte de moi-même, que j'ose à peine vous demander de venir un peu ici maintenant pour tenter de me tirer d'affaire! Je voudrais... voyons... comment dire ?... Mais c'est fort simple. Vous ne refuserez pas ce service à un ami. Consolation

suprême pour ceux qui souffrent! Je voudrais vous
demander... ne vous épouvantez pas, je vous
prie!... oh!... sans que votre conscience si poin-
tilleuse ait à en souffrir en quoi que ce soit!...
vous demander... de rendre un peu visite... un
tantinet, rien qu'un tantinet... à ma femme, afin
de lui parler raison!... même de vous trouver avec
elle en colloque... comment?... si sérieux à la fois
et si... intime... que je puisse m'en faire arme
contre la méchante, et que, puisque dès lors j'au-
rai... matière à lui reprocher... elle m'accorde un
peu la paix!...

Ai-je été trop loin, cher ami?... Ne vous
ai-je blessé dans vos sentiments si probes?... Ne
sont-ce là représailles légitimes, puisqu'on me
met dans ce cas cruel d'user de représailles aujour-
d'hui?... Dites que vous les trouvez légitimes!...
Dites que vous viendrez!

Votre

GIROND.

P.-S. — Il y a en ce moment, au Bois, un chevalier de la Légion d'honneur, de la Rose du Venezuela et du Nicham-Iftikar, nommé Arthur, qui vous intéressera par le récit de ses voyages. Vous ne pouvez que gagner à sa conversation.

VIII

LA MOME-TACITURNE A SON AMIE ROSA-LA-CRÉOLE

ILE DE LA FOLIE — *15 août, fête de l'Assomption.*
Le Bois.

Chère Rosa,

Mon seul amour, le Gosse-Girond, me trompe.
Depuis mon arrivée en ce Bois de Boulogne, je

pleure toutes les larmes de mon corps, car le petit homme brun, potelé, à la frimousse rose et blanche, aux jolis accroche-cœur, ne pense plus à moi!...

Ah!... tenez!... ma chère amie... je me sens furieuse rien que de me souvenir de cet enfant auquel j'ai tout sacrifié, et que les misérables yeux d'une autre femme entraînent quoi que je fasse !

Vous allez me dire, Rosa, vous qui menez une vie assurée, paisible, dans une de ces maisons aux mœurs familiales, patriarcales, ancestrales presque, que je ne vois pas les choses de sang-froid, m'exagère à tort le péril qui me menace! Peut-être même, en humeur joyeuse, rééditerez-vous cette subtile division que vos congénères firent des femmes, en trop violentes amoureuses, et en celles qui, sans avoir d'affection pour telle ou telle personne, furent uniquement sectatrices, ainsi que le philosophe Héraclite, du mouvement! Chère amie, taisez-vous; ce n'est plus l'instant de rire; je ne pourrais vous répondre : la vérité me crève les prunelles. Je suis affolée.

Déjà mon attention avait été éveillée par de singulières écritures et images découvertes sur plusieurs bancs de cet étroit sentier qui longe l'allée des Acacias. Vous savez que des habitudes invétérées nous portent à confier à ces bancs les pensées qui nous sont chères, et que dans nos fureurs nous les y gravons à coups de couteau. C'est là que nos âmes crient les enivrantes poésies dont, sous la vulgarité courante, elles débordent. Que de cœurs enlacés et percés de flèches y dessinai-je l'an dernier avec ces deux noms en une seule guirlande :

LE GOSSE-GIROND ET LA MOME-TACITURNE !

Or, depuis quelque temps, sur ces mêmes bancs, où j'avais souvent vu ma rivale la Fille-en-Filoselle s'asseoir, je remarquai que de nouvelles inscriptions chaque jour se trouvaient.

Une première fois, avec des fautes d'orthogra-phe qui ne pourraient intéresser que l'honorable M. Gréard, je lus cette phrase :

GOSSE. — « Si vous voulez mon cœur, il est à vous ! »

Quelques jours après cette nouvelle :

AU MÊME. — « Vous ne m'avez donc pas entendu que cette nuit, dans le fourré indiqué, vous n'êtes pas venu ? »

Quelques jours après encore :

— « Oh !... les caresses que vous me donnâtes hier !... Pourquoi vous arrêter, méchant ?... »

Puis un dessin, un dessin que je n'ose qualifier un dessin d'action !... Deux symboles... (hélas ! la peinture symbolique !) avec leurs deux noms :

LE GOSSE-GIROND ET LA FILLE-EN-FILOSELLE

La coquine !... Mon sang ne fit qu'un tour, et je tombai sur l'herbe, évanouie.

Quand je m'éveillai, c'était nuit pleine : il y avait d'étranges étoiles au ciel et des chuchotis près de moi dans le bois. J'entendis le choc d'un baiser.

Un homme déguerpit, me frôlant au passage. C'était lui !

Je courus, l'agrippai entre mes bras nerveux.

— Gosse, lui dis-je, vous étiez avec une femme près d'ici !

— Laissez-moi !... Laissez-moi !... fit-il tremblant effroyablement, redoutant ma vengeance. Et il tomba à deux genoux, me serrant convulsivement, embrassant le bas de ma robe... Je ne suis pas coupable, je vous le jure !

— Vous m'avez trompée avec elle !

— Non, je vous assure ! Vous le voyez, je me suis enfui pour ne pas lui céder ! Je n'aime que vous ! C'est vous seule que j'aime !

Je me mis à pleurer comme une Madeleine, ma pauvre Rosa. Je l'adore tellement que j'étais vaincue. Je le crus, le relevai, le consolai, m'en allai avec lui.

Nous nous remîmes ainsi quelque temps! Mais depuis hier mes soupçons me ressaisissent, je sens qu'il me trompe, ou que s'il ne m'a pas trompée, il va me tromper!

Je suis une fille bien malheureuse!

Oh!... une idée!... Si vous veniez!... Si vous veniez ici!... Si vous quittiez quelque temps cette maison fermée où vous ne pouvez être utile à ceux qui vous aiment!... Peut-être la nouvelle de votre présence détournerait-elle les idées de mon amant!... Et puis, rappelez-vous ce que je fis jadis!... Faites, en échange, qu'il cause un peu avec vous!... Il avait comme un respect affectueux à votre égard!... Il me semble bien, du moins, me le rappeler!... S'il pouvait vous aimer!... Rosa!... Rosa!... Enlevez-le coûte que coûte à cette femme!

Votre

MOME-TACITURNE.

P.-S. — Tenez, je suis gentille. Je vous avertis que madame de Blumirski fréquente souvent au Bois. Elle doit partir bientôt aux bains de mer. Naturellement il lui faut une dame de compagnie. Je pourrais vous recommander.

IX

BOBO *(humeurs froides)* DE MONTMARTRE
A SON AMI LE GOSSE-GIROND

LA GALETTE
La Butte.

Cinq heures après-midi.

Cher poteau et ami,

Je me lève et trouve votre lettre qui m'invite à venir vous rejoindre. Hélas, je le ferais volon-

tiers, car vous êtes un des meilleurs souvenirs de ma jeune adolescence; vous servir eût été ma joie. Mais appelé à de nouvelles et délicates fonctions, je n'ai plus guère de temps libre.

Figurez-vous qu'ainsi que nombre de collègues, j'eus toujours une préférence politique marquée pour la famille d'Orléans. Chaque après-midi, lorsque j'allais cueillir des simples aux Champs-Elysées, vers les environs de l'avenue Marigny, croisant certain équipage attelé d'ânes et orné d'écussons identiques à ceux de cette royale lignée, je me sentais saisi... qui l'eût cru!... d'un trouble secret à la vue de la jeune femme qui conduisait, Allure altière, physionomie de véritable souveraine, arête nette d'un profil bourbonien, tout jusqu'à la tranquille fixité de beaux yeux innocents, un provocant chapeau d'homme, m'étaient la révélation d'un monde sympathique, blasonné et mystérieux.

Un jour, un gentleman, passant près d'elle,

murmura ces mots : « Tiens, d'Alençon ! » et je devinai la représentante de cette illustre famille dont je vous parle, ma première et mon unique dilection !

Je m'approchai, saluai. L'on m'aperçut, l'on souleva imperceptiblement un délicieux chapeau d'homme, me lançant à travers l'avenue un ineffable sourire de duchesse, presque indiscret, mais si reconnaissant !... Flatté à un point que je ne saurais dire, je me sentais m'évanouir. Sans une grosse nourrice qui se trouvait là, je serais tombé.

Le lendemain la jeune femme revint, dans sa même voiture à ânes et à écussons. Je l'attendais. Je me précipitai sur la chaussée.

— Vive d'Alençon !... d'Alençon !... m'écriai-je enthousiasmé.

L'on m'aperçut encore, l'on souleva de nouveau de façon imperceptible un délicieux chapeau d'homme, et en guise de remerciment, on me lança à travers l'avenue un second sourire, exactement le même que celui de la veille, un ineffable sourire de duchesse, presque indiscret, mais si reconnaissant !

J'étais au comble du bonheur. Trois sergents de ville sur le trottoir en face me jalousaient. Ils me signifièrent de circuler. Mais je restai en place, les toisant ; et, comme ils m'avaient vu au mieux avec d'Alençon, ils n'insistèrent pas.

Par la suite, je me retrouvai chaque fois sur le passage de cette représentante autorisée de la plus vertueuse de nos races régnantes, la saluant du même cri strident. J'eus cette joie de remarquer, au bout d'une quinzaine, que le sourire quotidien qu'elle me lançait au coin de l'avenue Marigny, commençait à faire partie de sa série de clins d'yeux habituels ; que, même avant de m'avoir aperçu, elle l'esquissait.

Incroyable félicité !... Je goûtais un plaisir sans mélange.

Une fois cependant elle ne vint pas ; j'allais me désespérer, lorsqu'une vieille dame m'aborda :

— Monsieur, me dit-elle entre ses dents, mademoiselle d'Alençon (Emilienne) ayant remarqué votre enthousiasme et vous supposant les qualités requises, m'envoie vous pressentir sur un sujet des plus délicats. Collaboreriez-vous à son éducation de lapins ?

— A son éducation de lapins !... m'écriai-je... Rien ne peut mieux tomber !... Ce sera le couronnement de ma carrière !

De telle sorte, cher ami, que je vis désormais à l'aise, moi qui peinais tant à une foule de petits métiers vilipendés.

D'Alençon m'encourage d'ailleurs, et l'espoir d'être présenté au duc d'Orléans me soutient.

Votre ami au regret de ne point vous servir plus efficacement,

BOBO.

X

ROSA-LA-CRÉOLE
A SON AMIE LA MOME-TACITURNE

48
Rue d'Aboukir.

Pauvre petite désolée,

Combien je suis plus désolée que vous encore
de ne point être accourue à votre appel dès que

vous me le demandâtes !... Quels fâcheux contretemps je rencontrai à vous venir en aide, que votre requête tomba mal en ce moment !

Figurez-vous que la si honorable sous-maîtresse de notre institution, mademoiselle Léturgie, vient d'être une fois de plus appréhendée au corps par la tourbe de gens sans aveu que vous savez, sinistres exécuteurs des plus tristes besognes, toujours pour ce même et à la fin fatigant motif d'avoir oublié de demander leurs âges à certaines de nos élèves, et de ne pas avoir procédé au recensement du personnel de notre maison. Au milieu de cris véritablement navrants, cette Léturgie malheureuse fut hissée une fois de plus dans l'abominable voiture dénommée bien à tort « corbeille à chicorée », car la chicorée s'échapperait plus facilement de la corbeille que la prisonnière du véhicule qui la contient.

L'école était toute désemparée. Madame-mère qui se repose de ses labeurs à Fontenay, ce nid de rosières, prise d'une attaque de goutte subite, se trouvait dans l'impossibilité de venir. Par téléphone elle me désigna d'office à la place de Léturgie; je dus diriger le troupeau de brebis sans tache dévolu jadis à cette vigilante, et n'eus plus un moment pour m'absenter.

Il me fallut, par un exemple incessant, former la moralité rudimentaire de ces jeunes filles, veiller à ce qu'elles fissent autant que possible leurs devoirs régulièrement, suivant cette vieille tradition française, gauloise même si j'ose dire, que MM. Francisque Sarcey, de Vogüé, Lavisse, Bérenger, Passy, Simon, pour ne citer que les fameux, nous conservèrent.

Je fus chaque journée durant au salon avec leurs vieux amis, à causer de leurs progrès. Et comme il se trouva que malgré leur activité elles ne pouvaient suffire, je dus payer de ma personne, je ne dis pas à mon regret, vous ne me croiriez guère, mais à ma fatigue, ma chère petite, car je suis déjà bien usée !

Ecrivez-moi vite, n'est-ce pas ? écrivez-moi
que votre Gosse-Girond revient à de meilleurs
sentiments, et venez me voir tous deux au 48, où
mon grand désir de vous rendre service saura peut-
être vous utiliser.

Mille bécots de

ROSA-LA-CRÉOLE.

XI

LE GOSSE-GIROND A LA FILLE-EN-FILOSELLE

RACING-CLUB   Ce mercredi, 20 août, 8 heures.
Le Bois.

Madame,

Je vous en supplie, et si vous avez un peu
d'amour, de pitié même pour votre serviteur, vous

me comprendrez certainement, ne me poursuivez plus d'assiduités qui à la fois m'excitent et me désolent !

Nous sommes, voyez-vous, chère madame, dans notre société particulière, mais sans conteste la première au point de vue de l'Honneur, fidèles jusqu'à la mort à ce serment que nous donnâmes une fois et que nous ne reprenons plus ! Si les gens du monde revendiquent leur parole mise en doute à coups d'épée, nous la défendons à coups de couteau nous autres, et ce n'est pas chez nous qu'il y a le moins de sang versé !

Voyez-vous, j'ai toujours vécu jusqu'ici en croyant à moi-même, en observant ce que j'avais juré. J'ai pu garder ainsi une estime et une fierté que d'infâmes calomniateurs mettaient en doute. Je viens vous demander de ne point m'enlever cette fierté légitime, de ne point faire chavirer cette estime sous la trop lourde provocation de vos appas.

Puisque cette femme à qui j'ai donné mon amour ne m'a pas trompé, je n'ai point le droit de la tromper, et quelque pénible que soit l'honnêteté parfois, il me faut rester honnête cependant !

Voilà, avec d'autres que je vous épargne, les quelques réflexions qui me vinrent l'autre soir à la suite de nos enlacements furibonds et de nos baisers durs près de cette rivière qui chantait.

Certes, je vous aime aussi, étrangement, mais je ne veux pas vous aimer tant, car je sens qu'à me tenir si près de vous, à continuer d'accepter vos rendez-vous nocturnes, j'arriverais à commettre cette unique action qui m'apparaît une sorte de déchéance, et qu'à tout prix, je désire éviter.

Je ne vous dis, en conséquence, pas adieu ; je vous dis ceci : cessons pendant un laps de temps, une semaine par exemple, des relations qui finiraient par perdre leur charme dans la répétition même. Il sera toujours temps de nous reprendre passé ce carême, si le martyre est trop rude pour nous. Ayons seulement soin que la jalousie inconcevable et muette de celle qui nous guette, ne nous découvre pas!

Que notre devise se plaise à rester celle des cœurs fidèles : Nec plus ultra !
Votre

GOSSE-GIROND.

XII

LE GOSSE-GIROND A LA FILLE-EN-FILOSELLE

RACING-CLUB
Le Bois.

Ce vendredi, 25 août, 9 heures.

Chère madame,

J'avais bien raison de ne pas trop compter sur moi-même, et de mettre entre nous la digue de la séparation, puisqu'il a fallu que dès hier, avant cette semaine que nous nous étions promis de laisser écouler, nous recommencions à fourrager dans les fourrés.

Je n'ose vous le reprocher, et il n'y a au demeurant guère de mal, puisque, grâce à vous, je tins encore ma parole, et que vous me donnâtes l'occasion de remporter une nouvelle victoire, telles celles d'Augustin jadis, sur sa chair en révolte!

Ah!... chère et douce Fille-en-Filoselle, je puis vous le dire puisque vous me promîtes de brûler mes lettres, il est vraiment agréable d'accroître nos amours violentes de ces curieux raffinements de non-satisfaction. C'est un regain de saveur, de volupté âcre et inconnue du vulgaire, une sorte d'exacerbation de jouissance, que cette presque et pourtant toujours irréelle possession. Je sens ma chair inondée d'aiguillons de délices, il me semble que mon sang surchauffé charrie de délectables petits clous pointus...

Puis, il y a ceci aussi, que je tiens mon serment!

Rîmes-nous assez, forts de notre candide innocence, vous vous le rappelez, lorsque nous entendîmes venir auprès de nous cette malheureuse Taciturne. La plaignîmes-nous aussi, tandis qu'elle cherchait à nous découvrir de tous côtés. Une véritable malechance, la pauvre! Elle allait de-ci de-là, furetant de droite, de gauche, avec ce halètement particulier, prodrome de la maladie de poitrine qui nous l'enlèvera un jour, suffoquant d'angoisse tant son intérieur était ravagé!... L'infortunée, est-il possible d'entrer en des états pareils! Quelle (excusez l'expression) guigne, passant à chaque instant si près de nous, de ne précisément jamais nous remarquer!

Vous rappelez-vous encore, lorsqu'elle disparut, cette délicieuse singerie que nous nous permîmes de son allure inquiète, et comme au demeurant nous nous consolâmes vite dans le prestigieux baiser que vous savez, de la folie de cette amante qui se refuse à croire à la vertu, pourtant, oh! combien prouvée!... à combien de reprises me vainquis-je?... Mille!... de son amant!

Ma foi non, elle n'a pas la réussite de nos malicieux Petit-Napoléon et Fromage, qui, la première nuit qu'ils flairent de l'anormal dans nos rapports, tombent juste sur notre cachette, et se mettent incontinent, sans que nous soupçonnions même leur approche, avec leur gros rire si franc et sympathique, à nous tirer les doigts de pieds!

A ce propos, ne sollicitèrent-ils point de vous quelque rémunération afin de garder le silence sur ce qu'ils venaient de découvrir, et ne fîtes-vous, lorsque vous leur répondîtes si vivement, difficulté de la leur accorder?

Vous auriez tort, croyez-moi, d'hésiter avec des amis de vieille date qui, en somme, se sont toujours montrés hommes d'honneur et ne pousse-ront point leurs exigences plus loin que le nécessaire de leurs besoins et le surperflu de vos ressources.

Vous conviendrez, n'est-ce pas, de cette vérité, que l'important est d'abord d'avoir la paix chez soi. Si des cigares à Fromage et au Petit-Napoléon peuvent l'assurer, je ne vois point pourquoi vous hésiteriez à les leur offrir.

Ces questions d'argent n'existent en aucune façon. Elles dépriment et rapetissent ceux qui s'y attachent. Il faut à ce point de vue avoir les opinions les plus larges, voyez-vous!

A demain donc, chère et douce nouvelle habitude. Nous garderons fidèlement à cette Môme-Taciturne, fort malade et à plaindre, la foi jurée!

Votre

GOSSE-GIROND.

XIII

LE GOSSE-GIROND A LA FILLE-EN-FILOSELLE

RACING-CLUB   *Ce samedi, 26 août, 10 heures.*
Le Bois.

Mon aimée,

Après tout, puisque c'est fait... c'est fait !...
On ne peut changer ce qui arrive, et Dieu ne

recommença point le monde pour le créer d'une autre façon !

Donc, nous n'avons nul besoin de nous préoccuper de l'aventure. Elle s'est produite ! Elle devait se produire ! L'important est de la tenir secrète, de façon que celle qui a intérêt à la connaître, ne la connaisse pas !

Vous comprendrez très bien une chose. mon adorée Fille-en-Filoselle, et d'ailleurs je vous sais là-dessus plus ferrée que moi, c'est qu'on est ici pour vivre et qu'il faut d'abord vivre ! Sur cette éternelle question du vivre, on ne réfléchit pas, on vit ! Or, nous n'avons pas réfléchi, nous avons vécu !... Par conséquent il n'est pas question d'honnêteté ou de non-honnêteté !... Nous sommes honnêtes parce que nous avons l'esprit honnête, et parce que nous avons lutté de tout notre pouvoir pour tenir la parole jurée !... Et maintenant si nous semblons au point de vue vulgaire ne l'avoir pas tenue, nous l'avons tenue cependant !...

Et si une brève expérience physique fut inaugurée, il reste ceci que tout notre beau moral supérieur, avec son inébranlable religion du serment, demeure intact, et ne fut pas le moins du monde atteint !

Si notre conscience s'est élargie pour laisser entrer une nouvelle gerbe de vie en elle, inondée par cette gerbe superbe, ce jet d'existence, elle s'est sentie plus solidifiée et sûre. Sachant depuis longtemps ce qu'elle voulait, elle a acquis la science nouvelle de ce qu'elle pouvait. Au point de vue pratique même, la chose ayant déjà eu lieu une fois, nons en serons bien moins gênés pour recommencer.

Ah !... chère Fille-en-Filoselle, que ce me sera donc bon de vous voir entrer encore en ces inoubliables crises voluptueuses qui vous emportent ! Quelle joie de vous retrouver presque dévêtue, morte, telle une chaste fleur coupée, sous la lueur argentine des rayons lunaires zébrant votre chair de cercles roses, faisant voltiger à travers vos cheveux des libellules bleues!

Oui, je vous aime!... je vous aime, ainsi que je n'aimai jamais encore je crois, et votre petit mari secret et adoré en cachette s'affirmera votre époux à la face de l'Univers, quand vous le voudrez!

Chère chérie, comment vous remercier assez de vos incessantes attentions? De cette bourse brodée de soie par exemple, que vous m'offrîtes l'autre soir, de ce que je trouvai dedans!... Non!... Ne le croyez pas, ce n'est pas ce dedans-là qui me touche, je n'y ai même guère prêté attention!... Mais cette petite bourse brodée par vos petites mains, et brodée par vos petites mains pour moi!...

Rendez-vous le prochain matin, n'est-ce pas?... Je suis heureux, heureux comme un roi!... Heureux de n'avoir point causé trop de peine à cette déjà si oubliée Môme-Taciturne, qui n'a décidément plus que quelques jours à vivre, minée qu'elle est par la maladie!... Heureux d'avoir fait le bonheur de cette Fille-en-Filoselle divine, mon unique pensée de jour et de nuit, depuis que je la rencontrai!

A la vie, à la mort.

Votre

GOSSE-GIROND.

P.-S. — N'oubliez pas les cigares de Fromage et du Premier-Consul.

XIV

LA MOME-TACITURNE A SA MÈRE

DESCENTE DE BOULOGNE   *Samedi.*

Vieille maman,

C'est la première et la dernière lettre que vous recevrez de moi, vieille maman Bigeolles, que je fis tant enrager jadis et qui dûtes utiliser sur le tard vos remarquables talents de cuisinière, puisque je refusais de vous rapporter. Dans son éternelle justice, Dieu punit enfin l'enfant qui ne soutint pas l'auteur de ses jours, la fille égoïste qui tourna sa mère en dérision, refusant les vieillards à sous-pieds et chapeaux haute-forme, posés, sérieux, éprouvés par elle, avec lesquels elle lui conseillait de se lancer!... Quand vous lirez ces lignes de sang, celle qui vous abandonna jadis, la Môme-Taci-turne, trahie, vendue par son amant, aura cessé d'exister!

Figurez-vous, douce et respectable maman, que la nuit dernière, au Bois de Boulogne où je passe la saison et dans les taillis duquel il y avait long-temps que je cherchais... des choses... oui, je cherchais... me doutant d'événements terribles que je frissonnais de m'avouer, je me suis tout à coup trouvée devant mon Gosse — celui qui est à moi! — et devant la Fille-en-Filoselle — celle qui me l'a volé! — qui s'étreignaient insensément, couchés à terre, l'un sur l'autre, avec des baisers ivres qui me fouettaient la figure comme des soufflets.

Des ténèbres affreuses régnaient.

Je me suis tenue toute droite contre le tronc obscur d'un arbre, juste à cinq mètres en face d'eux, sans qu'ils m'aperçussent, et muette, sombre, avec mes grands yeux pétillant de flammes noires qui incendiaient la forêt voisine, je les ai bien regardés et me suis bien... amusée à compter leurs baisers!

J'en ai compté cent!...

Dans l'intervalle de leurs affreuses pâmoisons, de leurs pâmoisons renégates, mes oreilles aussi se sont ouvertes avec ravissement... grandes, toutes grandes... je n'avais plus que des oreilles dans le visage... pour les entendre me tourner en raillerie, et lui, le petit chéri — le petit qui est à moi! — raconter à l'autre — à l'autre qui me l'a volé! —

des choses qui n'étaient que pour moi et pour lui seuls — des choses qu'il nous a volées !

Alors je n'ai pas bougé... pas un muscle de ma face n'a bougé... pas un nerf de mon corps n'a bougé... je n'ai pas bougé !

J'ai écouté encore et j'ai regardé encore, et puis j'ai encore regardé et écouté !

Ensuite, j'ai constaté ceci, qui m'a fait jouir de la façon la plus intense et la plus abominable de mon existence entière, j'ai constaté que mon sang était dans un état de si effroyables furie, folie, qu'il s'élançait à travers les pores de ma peau de même qu'à travers un crible, se muant en milliers de glaives aigus, de glaives acérés, qui sortaient de moi pour aller sur les infâmes traîtres, les percer !

Tout à coup ils ne m'ont pas vue, mais ont dû se sentir atrocement, odieusement déchirés par ma haine, car ils se sont dressés d'un bond, et se sont enfuis dans les bois, poussant des cris d'assassinés.

On eût dit que des mains les serraient à la gorge, ils râlaient des plaintes rauques, inarticulées, comme si on les étranglait.

Quand ils ont été loin, très loin, toujours toute droite et toute froide, j'ai fait enfin un mouvement; j'ai croisé les bras, j'ai réfléchi, et, dans la solennité de ma conscience, j'ai jugé ceux qui me trompaient.

Je me suis dit ceci :

Ils se sont promis de revenir demain matin!... Eh bien, demain matin, malgré ma faiblesse et la maladie terrassante, je veux me faire forte, je veux les tuer, je veux me tuer après!

Et demain matin, aux lueurs tragiques du petit jour, chère madame veuve maman Bigeolles, qui persisterez, afin de traîner le plus possible votre si vénérable et digne existence, à composer indéfiniment pour vivre, puisque je ne voulus point vous rapporter ces sauces tomates où vous excellez... entendez-moi bien, hein ? entendez-moi bien ?...

c'est comme j'ai l'honneur de vous le dire... demain matin, je les tuerai et je me tuerai après !

Votre fille trop bien élevée pour ne pas vous en prévenir,

MOME-TACITURNE.

XV

FROMAGE ET LE PETIT-NAPOLÉON A LEUR AMI
LE DOCTEUR

SOUS LES CANONS
DU MONT-VALÉRIEN

Samedi soir.

Vieil ami,

*C'est à un devoir fort pénible et douloureux
que nous obéissons en t'adressant ce court mot. Tu*

ne saurais, nous en sommes persuadés, nous en vouloir d'avoir fait passer notre amitié avant la prudence, notre dévouement avant le souci d'un intérêt personnel et bien entendu.

Nous t'apprenons donc que ta femme la Fille-en-Filoselle, d'ordinaire si gentille, et que nous eussions crue incapable d'une telle déloyauté, te trompe depuis plusieurs jours déjà avec ton excellent ami le Gosse-Girond.

Au cas où tu tiendrais à t'en rendre compte toi-même, tu les trouveras demain matin vers quatre heures, près du Tombeau Russe de Longchamp, où nous sommes trop sûrs, hélas! que tu pourras te convaincre de ton infortune imméritée!

Tes amis fidèles,

PETIT-NAPOLÉON,
FROMAGE.

XVI

LETTRE D'ARTHUR A SA VIEILLE AMIE MISTRESS CUMMINGTON (JADIS A PARIS MÈRE LEMOINE, LEROY, DUVAL, ETC.), 168e AVENUE, NEW-YORK.

TOMBEAU RUSSE

Généreuse et distinguée bienfaitrice,

Toute la colonie élégante du Bois de Boulogne
vient d'être mise sens dessus dessous par un drame

passionnel absolument impossible à prévoir, sans précédents dans les annales de cette station balnéaire si calme et paisible, et qui a produit un scandale horrible sous ces ombrages si bien fréquentés.

Vous savez, ô vous qui êtes à la fois notre Mentor et notre caissière, qu'afin de recruter quelques élèves pour votre nouvel établissement new-yorkien Temperance and Chastity bar, je passe journées et soirées parmi la toute jeunesse des deux sexes de ce bois de délices, affectant, afin d'inspirer confiance, certains goûts de vieillard, assurément peu dans ma nature loyal-américaine, mais me posant auprès de mes nouveaux amis. Comme j'avais d'autre part pris avant de venir le soin intelligent de fleurir ma boutonnière de décorations d'ailleurs fausses de la Légion d'honneur, de la Rose du Venezuela et du Nicham-Iftikar, ceux-ci m'admirent d'emblée au nombre des passionnés de ces bocages et n'eurent plus le moindre doute sur mes sentiments malsains et secrets.

Grâce à ce subterfuge ingénieux, chacun ne manquait jamais de venir me serrer la main d'un petit air d'entente, s'informer de mes nouvelles, et l'on se plaisait à favoriser avec une cordialité vraiment touchante mes moindres entreprises. Par ce moyen je fis, sans que personne y attachât d'importance, connaissance de plusieurs jeunes gens dont je vous reparlerai, et de deux jeunes femmes surtout, seize à dix-huit ans à peine, exquises fossettes, poitrines confortables, auxquelles je touchai secrètement quelques mots d'un joli voyage à travers l'Atlantique, vers le lac enchanté de Chicago. Loin de m'éconduire, elles me prièrent de ne point en parler à leurs maris, et me laissèrent espérer leurs consentements.

Elles me parurent charmantes, l'une brune, l'autre blonde, l'une nommée la Môme-Taciturne, l'autre la Fille-en-Filoselle; et je me promis de leur poser quelques questions préalables qui me permissent de vous en parler plus savamment.

Ayant donc présumé à la suite d'ingénieuses déductions que ce matin dimanche, au petit jour, la blonde pourrait bien se diriger vers le Tombeau Russe de la grande pelouse de Longchamp, je décidai, remettant à une seconde occasion sa compagne la brune, d'attendre son passage afin de lui expliquer mon véritable rôle, et de l'amener à nos idées.

Or, figurez-vous, généreuse et distinguée madame, que je n'étais pas là depuis cinq minutes, que soudain, derrière moi, à quelques pas à peine, j'entendis des hurlements désolants, et me précipitant, me trouvai face à face avec cette malheureuse Fille-en-Filoselle tirée à même les cheveux par la brune, celle avec qui je ne devais... converser... que les jours suivants, et que je vous ai dit s'appeler la Môme-Taciturne. Un jeune homme bien sympathique, qu'on nomme le Gosse-Girond, ne sachant comment mettre le holà entre les lutteuses, s'était assis à une certaine distance d'un air navré. Je ne savais moi-même à quoi me résoudre !... J'imitai le jeune homme, m'assis en tailleur, et comptai les coups !

Ces deux dames d'ailleurs persistaient dans leur corps-à-corps avec une sauvagerie et une férocité si remarquables, que je me serais fait écharper en intervenant.

La blonde ressaisissait maintenant l'avantage, et tirait également son adversaire par les cheveux.

— Misérable !... hurlait-elle avec un accent pourtant de toute politesse encore.

L'autre criait :

V...! V...! Je veux te saigner !... elle aussi avec la plus grande correction.

— S...! P... soûle ! redisait la blonde très noblement, s'efforçant de saisir la brune à la gorge.

— Ch...! Ch...! Dromadaire !... répétait celle-ci, atténuant par sa dignité naturelle le sens un peu canaille de cette expression.

A un moment, la blonde qui venait de faire un faux-pas, tomba. L'autre, tirant alors un couteau grand ouvert de sa poche, se précipita sur elle comme une furie, la lardant d'affreux coups, lui piquant les yeux, lui sciant ses exquises lèvres, lui tailladant les chairs!

Je me sentais me trouver mal. Je dus tirer en hâte le flacon de sels dont vous me fîtes cadeau jadis, pour me donner du cœur dans mon parfois tant périlleux et difficile métier.

Quand, après une syncope de quelques minutes, je revins à moi, un spectable horrible s'offrit à ma vue. La victime de l'affreuse brune était étendue à terre ainsi que sur un étal de charcuterie, cheveux arrachés, ventre défoncé, seins violets; et la meurtrière, devant le Gosse-Girond maintenant, accablait l'infortuné de vocables terribles, m..., e..., t..., p..., c..., dont seuls les tragiques du grand siècle semblaient avoir gardé le secret.

Agenouillé et très pâle, celui-ci joignait éperdument les mains comme priant. Il avait de telles moues de désespoir, de tels douloureux cris d'oiseau qu'on va tuer, qu'elle ne savait que faire et s'arrêtait.

Soudain, ne se sentant sans doute plus la force de sacrifier à sa rage celui qu'elle avait tant adoré, (ç'avait été une de ces passions merveilleuses à l'instar de celle de la belle Manon et du chevalier Des Grieux), elle se recula d'un coup, brandit son arme dégouttante de sang et, poussant un cri suprême, l'enfonça furieusement dans sa propre poitrine, près du cou, vers la région de l'artère carotide; puis elle tomba à la renverse pour ne plus se relever.

Au bruit de la bataille, des passants étaient survenus. Habitants variés de ces buissons de délices, marchands de pronostics pour les courses du tantôt, jockeys très intéressés, entre autres, la grande cravache de ce pays, l'illustre et national

Tom Lane, sur son poney de prédilection. Je pensais à leur distribuer les Bibles que je porte toujours sur moi, lorsque je vis le Docteur, le mari de l'ex-Fille-en-Filoselle, qui triste, et digne, s'avançait vers le Gosse-Girond et lui serrait longuement la main.

— Le sang lave tout!... dit-il avec une noblesse sans égale... Pardonnons-leur, puisqu'elles se sont fait justice elles-mêmes, et tâchons de retrouver de nouvelles épouses qui nous rendent encore heureux !

— Oui, pardonnons-leur et tâchons de retrouver de nouvelles épouses qui nous rendent encore heureux! reprit le Gosse aussi noblement.

Et pardonnant à celles qui les quittaient, les deux amis s'en furent ensemble, du côté des bocages de Suresnes, chez un débitant...

Pour moi, s'il faut vous dire mon avis, généreuse et distinguée mistress Cummington, je n'eusse pas pardonné, car on n'a jamais le droit d'attenter à ses jours ni à ceux d'autrui; de fuir le rôle qui vous a été dévolu par la vie; de se dérober aux beaux et saints devoirs que le Seigneur lui-même traça.

Je n'eusse pas pardonné, car je trouve que l'honnêteté, cette honnêteté à laquelle nous tenons par dessus tout en Amérique, commence par l'honnêteté de métier; que l'on ne doit pas en des querelles regrettables priver de leur gagne-pain ceux qui constituent notre famille terrestre, ceux qu'une Société Bienfaisante a placés autour de nous pour pouvoir épancher nos besoins si naturels d'intimité!

Je n'eusse pas pardonné, car je veux la vie avant tout, le commerce, le libre-échange; je dé-déclare qu'on ne doit point déserter son poste ni son devoir ici-bas; et je me refuse absolument à admettre qu'on en vienne à des extrémités aussi déplorables pour l'exportation!

ARTHUR

ACHEVÉ D'IMPRIMER
SUR LES PRESSES DE
:: FRAZIER-SOYE ::
168, BOULEVARD DU
MONTPARNASSE, LE
20 DÉCEMBRE 1927.

*Les gravures ont été tirées par A. et M. Vernant,
imprimeurs en taille-douce, à Paris.*